AF186773

Die Königin des Herzens

Tom Krikowski
Henrike Kuhmann

5. Auflage 06|2017
© SELBST Verlag Offenburg
www.illustrationen-der-maerchen.com
www.tomkrikowski.de

Herstellung und Verlag:
BoD - Books on Demand, Norderstedt
ISBN 978-3-7448-5509-9

Vorwort

Sich bewusst werden, dass jeder Gedanke sich verwirklicht; und niemand urteilt, ist, wie sich selbst die Krone aufzusetzen.

Du bist die Instanz, die hier regiert. Tu es mit Liebe und Mitgefühl, für dich und dadurch auch für die Anderen.

Wenn dein Herz zu leuchten und singen anfängt, bist du ein Leuchtfeuer; auch für dein Umfeld.

Für die Königin

Die Wiedergeburt

Es ist wie eine Wiedergeburt, wenn man begreift, dass die Liebe in unseren Gedanken zur Liebe in unseren Gefühlen wird, und unsere Liebe in den Gefühlen zu Handlungen der Liebe.

Anfangs mögen die Ergebnisse noch scheinbar klein sein, aber wenn man sich mehr und mehr traut die Liebe zu sich selbst in Gedanken, Gefühlen, Worten und Handlungen auszudrücken, werden sie größer.

Mit jedem weiteren liebevollen Gedanken, mit jeder die eigenen Träume wahr-werden-lassender-Handlung, wird der Kurs immer klarer und ein erfülltes Leben mit Sinn und Wert ist die Folge.

Die Nebenwirkungen könnten sein, dass andere von Dir inspiriert sind, und wieder andere sich von Dir abwenden.

Sich selbst lieben heißt, sich bewusst für die eigenen Träume entscheiden, sich das Schönste und das Wunderbarste zu gönnen, ohne sich dabei über andere zu stellen.

Schau Dir die Welt an – alles was der Mensch je erschaffen hat, all das war zuerst ein Gedanke, eine Inspiration (Spirit = engl. Geist), ein in-den-Geist-kommen.

Was denkst Du über Dich? –

Und was siehst Du in der Welt?

Kann es sein, dass das Leben, ein Spiegel deiner Gedanken ist?

Das Leben an sich ist neutral. Es sind deine Urteile, die es in ein positives oder negatives Licht rücken.

Vielleicht hat alles einen Sinn und man muss nur danach Ausschau halten? Vielleicht hat „Gott" Dir die Macht gegeben und Dir die Krone aufgesetzt, weil er dich liebt?

Solange du behauptest die Krone trage jemand anders, bis Du eine Königin die blind regiert. –

Die Liebe in deinem Herzen, kennt keine Grenzen – sie schickt ständig liebevolle Gedanken in alle Dinge, die Dich gerade beschäftigen; und aus Gedanken werden Handlungen.

Eine Königin die nicht mit dem Herzen sieht und regiert, ist blind.

Stürme

Wenn Stürme am Horizont auftauchen, gilt es, das Segel festzumachen. Das gleiche gilt für unsere Ideen.

Wenn wir die Segel vertaut haben, sieht es von außen so aus, als würden unsere Gedanken ruhen. Vielleicht tun sie das auch, aber sobald das Wetter wieder besser ist, sind wir bereit die Segel erneut zu setzen.

Wir mögen den Kurs etwas korrigieren, da uns der Sturm abgetrieben hat, aber wir haben unser Ziel wieder fest im Blick.

Das Ziel

Das Ziel ist ein freudvolles Leben - ein Leben, das uns von Tag zu Tag erfüllter und glücklicher macht.

Der Moment der Veränderung ist immer jetzt! Jetzt, und nur jetzt.

Ich liebe das Leben und das Leben liebt mich.

Mut

Es braucht etwas Mut, um die Krone würdig zu tragen. Mut, sich selbst zu lieben und zu seinen Träumen zu stehen.

Aber was hat man zu verlieren? Die Zweifel, die Angst, den Kummer über das jetzt noch langweilige Leben, das nur wenig Freude macht? – Die Menschen, die einem kein Glück und Erfolg gönnen?

Vielleicht sehen sie deinen Weg, deine Krönung, von einer gewissen Distanz und denken, *ich will auch*?
Dann bist Du zum Geschenk geworden, für Dich und deine Umgebung!

Der Same

Sei einfach wie das Samenkorn einer Blume, das in die Erde gefallen ist, ins Dunkle, und den Mut hat aufzugehen, wenn es genug Sonnenwärme (Liebe), Erde (Freunde) und Wasser (Lebensenergie) hat. Es steckt noch im Dunklen, spürt aber schon die Wärme der Sonne, die Kühle des Regens und die lauwarme Neutralität von Mutter-Erde. Jetzt möchte es auch den Wind, der es von der Mutterpflanze zum Keimplatz getragen hat, wieder spüren.

Man könnte denken, wenn der Keimling einmal die Erdoberfläche durchbrochen hat, ist er schutzlos seiner Umgebung ausgesetzt. Das wäre aber eine sehr einseitige Sicht. Vielmehr hat jeder Stein, jede Pflanze, jedes Tier und auch jeder Mensch seinen eigenen Platz und lebt mit allen anderen zusammen. Sie ergänzen sich, und ohne das eine ist auch das andere nicht möglich.

Die Entscheidung

Wir dürfen uns immer wieder und jeden Augenblick aufs Neue entscheiden. – Entscheiden, glücklich sein zu wollen. Entscheiden, den Sinn hinter den Ereignissen sehen zu wollen – sich für die Liebe entscheiden! Entscheiden, eine liebevolle Kraft hinter allen Dingen zu sehen und diese liebevolle Kraft auch, mehr und mehr, zu verkörpern.

Wolken

Wenn wir die Wolken am Himmel und in unserem Leben sehen, vergessen wir dann, dass dahinter immer noch die Sonne scheint? Ich hoffe nicht!

Und wenn man es genau betrachtet, ist der Regen, den die Wolken bringen können, gut für uns, für unsere Tiere und Pflanzen. Oder willst du auf einem verstaubten Planeten Leben? – Ich nicht!

Wenn man dieses Bild der Sonne und der Wolken von einer gewissen Distanz betrachtet, merkt man schnell, dass die Sonne wohl mehr Gewicht hat als die Wolken; der Regen ist vielmehr ein Produkt bzw. ein verlängerter Arm der Sonne. Sie erwärmt das Wasser unseres Planeten, so dass es aufsteigt und gleichmäßig verteilt wird.

Bäume

Die Pflanzen, insbesondere die Bäume, sind Sende- und Empfang-Wesen, die eine Verbindung zwischen der Sonne und der Erde herstellen bzw. symbolisieren. Sie verkörpern die Erde sowie die Sonne gleichermaßen.

Ein Baum wächst, in dem er seine Wurzeln tief ins Dunkle, in die Erde gräbt, und gleichzeitig seine Äste dem Licht der Sonne entgegenstreckt.

Er transformiert genaugenommen die Erde und das Sonnenlicht, unter Zuhilfenahme von Wasser und Luft, in sich selbst, in einen Baum. –

Sei wie ein Baum. Grabe deine Wurzeln tief in dein eigenes Dunkel, in alles bis jetzt im Schatten gehaltene, und transformiere es. Und wachse mit dem Licht deines Bewusstseins, dem Licht der Sonne entgegen.

Deine Blätter werden anderen Pflanzen, Tieren und Menschen Schatten spenden Und deine Früchte werden Nahrung sein –

Einheit

Deine Krone verbindet dich mit dem Kosmos und deine Füße stehen fest auf der Erde.

Nicht nur Tag. Und nicht nur Nacht. Beide zusammen ergeben den Rhyth-mus, der uns gut tut.

Die Mitte, das Herz als liebender Mittler zwischen Gedanken und Gefühlen, gilt es zu stärken.

Lieben – das heißt, frei sein von Urteil. Weder gut noch schlecht.

Es ist, wie es ist, sagt die Liebe.

Nahrung

Wir ernähren uns nicht nur, durch die Früchte, das Gemüse, Getreide usw., das wir essen, sondern auch, und vielleicht stärker als so mancher glauben mag, durch unsere liebevollen Gedanken, Gefühle und Handlungen. Durch unsere Verbundenheit mit unserer Umwelt, durch Beziehungen, durch Freundschaften und durch die Liebe zu uns selbst.

Durch das genießen des Lichts und der Wärme der Sonne. Durch das hören des Geschnatters der Enten am See. Durch die Farben der Blumen, Blätter und Früchte. Durch das Rauschen des Bachs.

Durch das hören und machen von Musik. Durch das Lauschen der eigenen Stimme oder der Stimme von anderen.

Und vor allem durch das Lauschen auf die Stimme des eigenen Herzens.

Das Herz

Wenn wir immer und immer tiefer der Stimme unseres Herzens lauschen; und das Herz zu unserer inneren Führung erklären und danach handeln, dann ist die „Prinzessin des Herzens" zur „Königin des Herzens" geworden.

Mit liebe regiert, wird das Leben zu einem Freudenfeuer. Zu einem Tanz der freudvollen Ekstase. Zum Liebeslied auf die Verbundenheit mit allem was ist. Zur Wiedererinnerung unseres schöpferischen Geistes.

Du

Du bist die Königin, der König deines Herzens.

Du darfst dich wieder daran erinnern.

Den Stürmen trotzen.

Deine Ziele klar formulieren.

Mutig sein.

Deinen Samen aufgehen lassen.

Deine Entscheidungen treffen.

Durch die Wolken hindurch schauen.

Dich wie ein Baum mit der Erde verwurzeln und dich dem Licht entgegenstrecken.

Die Einheit in Dir spüren.

Dich nähren mit allem was Dir gut tut.

Dein Herz zum Chef erklären.

Dir die Krone des Herzens aufsetzen.

Du bist die Königin, der König Deines Herzens.

***

Auch im **SELBST Verlag** erschienen:

Die Prinzessin des Herzens

Der erste Teil der kleinen Geschichte vom Weg zurück zur Selbstliebe von Tom Krikowski mit Bilder von Henrike Kuhmann.

Sein&Tun
Kartenset für und gegen Langeweile.

Zur Inspiration/Orakel/Theaterimpro.
68 Karten + 2 Freikarten + Büchle.

Die Geschichte von Sanft und Mut

Regenbogen-Prosa. Ein Gebet an das Liebevolle-Einfach-Dasein.

Das Café auf dem RAUMSCHIFF Erde

Eine autobiographische Geschichte.